AF438957

LUMBRE

ExLibric

JOSÉ RAMÓN HERRERA GOYA

LUMBRE

EXLIBRIC

ANTEQUERA 2020

LUMBRE
© José Ramón Herrera Goya
Diseño de portada: Dpto. de Diseño Gráfico Exlibric

Iª edición

© ExLibric, 2020.

Editado por: ExLibric
c/ Cueva de Viera, 2, Local 3
Centro Negocios CADI
29200 Antequera (Málaga)
Teléfono: 952 70 60 04
Fax: 952 84 55 03
Correo electrónico: exlibric@exlibric.com
Internet: www.exlibric.com

ISBN: 978-84-18470-22-6
Depósito Legal: MA-1159-2020

Nota de la editorial: ExLibric pertenece a Innovación y Cualificación S. L.

JOSÉ RAMÓN HERRERA GOYA

LUMBRE

ÍNDICE

PRÓLOGO

Una experiencia cumbre es indescriptible, inefable. Las palabras no llegan a definir lo absoluto. Por eso, debemos experimentarla, y la poesía puede acercarnos. Digamos que es un intento de aproximación.

Sabemos que somos materia y energía, así como todo lo que nos rodea, todo el universo, incluidos nuestros seres queridos y nuestro propio ser. En nuestra esencia somos pura energía, energía de vida, como la de una margarita o un pez; solamente nos diferencia la forma, es decir, la materia. La expresión de dicha energía es diferente, pero la esencia es la misma: es la vida que podemos sentir en nosotros mismos y en el movimiento del universo.

Es sencillo ver la materia; sin embargo, a veces la energía no se puede ver, solamente se siente; quizás como una caricia o como un golpe. Es fácil sentir la energía que nos transmiten los demás, por ejemplo, un beso. Pero ¿sentimos la energía que hay en nuestro interior?

Para poder captarla con facilidad podemos recurrir a la luz, porque la luz es también un tipo de energía que se puede ver. Incluso la electricidad pasa inadvertida hasta que se transforma en luz.

¡Haz una prueba! Cierra suavemente los ojos y observa la luz que traspasa tus párpados; puede ser roja, naranja, amarilla, verde o azul. Dependiendo de la intensidad luminosa del exterior, podrás llegar a ver todos los colores del arcoíris. Relájate y contempla la luz que, poco a poco, penetra por tus ojos, invade tu cerebro y paulatinamente llena todo tu ser.

Si esto lo repites todos los días, con serenidad y en estado meditativo, un día la luz te inundará y llegarás a sentirte uno con ella. Habrás experimentado la esencia de la vida, la energía, que —como sabes— ni se crea ni se destruye, solo se transforma. Una sencilla experiencia cumbre.

Este poemario, Lumbre, contiene intentos de transmitir diferentes experiencias cumbre, sobre todo en el capítulo dedicado a mi luz, y deseo que te ayude a que tú tengas las tuyas propias.

José Ramón Herrera Goya

MI POESÍA

N
E

EL SEÑUELO

Mi poesía es para el pueblo,
porque se comprende al vuelo,
aunque tenga fondo y argumento
de manera muy simple está expuesto.
Si alguna complicación me huelo,
la quito y por eso hago lo que puedo
para decir lo mismo sin tener ensueño,
evitando así estar por florituras envuelto.
Cualquiera puede entrar en mi ruedo,
pues a todos lanzo el señuelo
y, al final, mi único sueño
es que estés risueño.

UN DÍA SIN POESÍA

Un día sin poesía
es como un cielo gris,
que en donde el sol lucía
ahora solo sombra está ahí.
Un día sin poesía
la tristeza llega a ti,
pues ella es la alegría
que siempre te hace feliz.
Un día sin poesía
no lo quiero para mí,
porque su canto es vida
cual agua que en fuente bebí.

AL POETA BESAS

Poeta es el que juega,
las palabras menea
y a su manera
la rima crea.
También espera
que quizás lo leas
y por eso se esmera
para que él te merezca.
Tal vez te ruega
que sensible seas
y así tú comprendas
hasta qué cima llegas.
De gran alegría te llenas,
y quitando las penas,
al poeta besas,
eso él desea.

VALE POR SÍ MISMA

Lo bueno de la poesía
es que no es pragmática,
sin tener una meta escondida.
Lo bueno de la poesía
es que delata la hipocresía
de esta sociedad de la mentira.
Lo bueno de la poesía
es que no utiliza la rima
para vender una mercancía.
Lo bueno de la poesía
es que vale por sí misma,
no necesita una madrina.

A SU LADO

Si no escribo mi poema diario,
me parece que me falta algo.
Como monje sin rosario,
estoy muy desolado.
Pues la poesía es mi relicario
y la venero cual ser sagrado.
Sin tener objetivo dinerario,
solo por estar a su lado.

EN MUNDO ALADO

Con el cuerpo agotado
y los brazos muy pesados,
que no alcanzan mi teclado,
apenas llego a escribir algo.
A pesar de ello, sin embargo,
mi poesía hoy la visto de largo,
cual joven que se ha licenciado
y pronto puede irse volando.
Abandonarme a mí de lado
y relucir el propio halo,
su vida buscando
en mundo alado.

CON RIMA

El pintor necesita
reflejar lo que ve.
Como un artista,
está su mente
en otra pista.
El actor precisa
hacerte creer
que su vida
en otro ser
reaviva.
Y el poeta con rima
te va a convencer
para que sonrías
al anochecer
a tu chica.

PENETRE ENTERA

Cuando se me queda
la mente del todo seca,
ninguna idea más entra
porque está muy repleta.
Y espero a que un hueco tenga
donde escribir alguna frase suelta
para componer un verso y tú lo leas
cuando del trabajo a casa vuelvas.
Ese es el único deseo de mi letra:
que tu corazón penetre entera
para que viaje por tus venas
y te alivie las viejas penas.

MI LUZ

ME CAMBIÓ LA MIRADA

Fue debajo de ese árbol
donde la luz me esperaba,
cual flecha lanzada con arco
me dio en el centro del alma.
No sé lo que tenía ese rayo
que me cambió la mirada,
ahora lo veo todo blanco
del color de una sábana.
Y sobre mi cabeza brilla un halo
desde la noche hasta el alba,
como el que luce un astro
cuando gira en la nada.

DESCANSAN

Nubes difuminadas
cual cabellos de ángel
que se dispersan en nada
por el día al amanecer salen.
Sobre el verde monte, blancas
bailan al son que tu andes,
así también ellas danzan
al ritmo que marques.
Como arena en la playa
que leves surcos hace
ahora ahí descansan,
al azul aire yacen.

CAMUFLADO

El sol alumbra en lo alto
y sus brillos llegan al árbol
cuya sombra con suave paso
entra por la ventana a mi lado.
Las hojas vibran entre rayos
con destellos en baile dorado,
una leve brisa mece su costado
que en el mueble queda reflejado.
El cielo a mi casa ha entrado
entre luz y sombra camuflado,
se ha quedado conmigo un rato
mientras yo lo miraba alucinado.

CHISPA SALVAJE

Esa luz te atrae
cual a ave de noche,
lo mismo a ti te hace.
Alumbra el foco del coche
cuando un pájaro sus ojos abre.
Sigue mirándola mientras pase,
pues quien centrado ver ose
tal vez algo nuevo halle,
o quizá se transforme
en chispa salvaje.

NACERÁN ALGÚN DÍA

La hierba está muy verde
y las hojas amarillas
yacen cual soles.
Todas sobre el césped
quedan esparcidas
hacia el norte.
Y quizás por el este
nacerán algún día
hojas menores.

TE QUIERE MIMAR

En olor a santidad
la amarilla luna llena
se oculta entre ramas.
Así de simple es la realidad
cuando la miras de amor plena
y a continuación a la luna llamas.
De nuevo va a salir para admirar
a una mujer hermosa y bella
envuelta entre sábanas.
Pues te quiere mimar
y mostrar la senda
que tú amas.

SE ESPOSE

Cuando cae la noche
todo a tu alrededor brilla,
las luces de bellos colores
en farolas naranjas y amarillas.
Los semáforos desde tu coche
con un destello de maravilla
ves cómo con derroche
emiten luz mágica.
Esto vive quien ose
dejar la aburrida rutina
y al momento se espose
que ahora le ofrece la vida.

QUE SALGA LA AURORA

Desde la cama oigo cómo el viento azota,
la luz se va y vuelve en la noche rota.
En mi blanca sábana que arropa
busco la seguridad de alcoba.
Rayos y relámpagos por el alto cielo flotan,
después truenos roncando explotan.
La noche de invierno es sorda
al que serenidad implora.
Espero a la mañana, a que salga la aurora,
que me traiga su luz con una aureola
y se vaya la oscura noche sola
cual el romper de una ola.

PERMANECE ATENTO

La cama de margaritas movida por el viento
es como una partitura con música en movimiento.
Ellas vuelan a la derecha e izquierda por seguimiento
del ritmo que les da las ráfagas que llegan con tempo.
El baile blanco y amarillo ya se está moviendo,
tallos se contonean para quien siga viendo
y en el jardín de casa dura un momento,
por eso siempre permanece atento.

REAVIVA

La llovizna
cae muy fina
sobre la colina.
Es ducha matutina
que naturaleza anima
y hace que nazca vida.
La hierba la admira
y el árbol suspira
a su amiga.
Yo miro hacia arriba
y la veo como neblina
cayéndome por encima.
Me moja la cara y camisa
recuperando una sonrisa
al gozar de esa brisa
que viene con lluvia
y mi alma reaviva.

PAZ MENDIGA

El viento silba
pasa por la rendija
de mi blanca ventana.
Viene de arriba
desde la alta cima
de esa verde montaña.
En mi casa se cobija
y a las paredes se arrima
buscando solamente calma.
Así es como se abriga
y un poco de paz mendiga
donde poder reposar su alma.

LA VIDA ENTERA

Los gorriones se asean
con sus alas aletean
o la charca besan.
En el jardín los observas,
cómo la cola menean
y pronto ya vuelan.
Son aves muy pequeñas
que en ciudad pasean
o tus migas esperan.
Quieren que tú los veas
y su compañía seas
la vida entera.

COMO FLORES

Entre grises nubes
cuando cae la noche
las aves a casa huyen
mientras truenos se oyen.
Ahora árboles las cubren,
porque ya no hay soles
y la tormenta destruye
a todo el que roce.
Pero de día otra vez lucen
sus plumas como flores
y con la aurora surgen
sus bellos colores.

ESTREMECEN

Amanece
y nubes aparecen
rojas que estremecen.
En el aire una brisa las mece
mientras el sol sale por el este,
es probable que su luz te despierte.
Anochece
y rojas desaparecen
las nubes que estremecen.
Pronto en su cama se meten,
pues el viento las lleva al oeste
cuando tú lentamente te duermes.

EL MISTERIO ENCIERRA

A la verde planta de mi cocina
se le caen las hojas muertas
y yo las pongo en su tierra.
Ellas de nuevo le dan vida,
iniciando la eterna rueda
que el misterio encierra.
Fuertes suben arriba
y salen hacia fuera
como la hierba.

MUY ATENTO

Quien un día vio la luz
vive en el mundo paralelo
y en ese mismo te hallas tú,
es un universo que es eterno.
Si rebuscas con mucho ímpetu,
lo encontrarás en el sendero,
ya vayas al norte o al sur
debes estar muy atento.

UN REVOLCÓN

De los barrotes del balcón
se cuelgan los hilos de araña,
cada uno luce de diverso color.
Todos ellos brillan mirando al sol.
Cuando me he levantado de mañana
ahí resplandecen y los he admirado yo.
Es como si me hubiera tomado un ron
o una de esas drogas que te amañan,
pero no había bebido ningún alcohol.
El cerebro me ha dado un revolcón,
pues para eso sí que tiene maña
y agradezco que posea ese don.

GRAN ADORACIÓN

Con los primeros rayos de sol
nacen amarillas mimosas
y llegan a tu rojo corazón
cual a la orilla las olas.
En frío invierno una canción,
son las más primorosas
que cantan al lindo son
del verso y de la prosa.
Les tengo gran adoración,
tanta como a las rosas,
pues con peculiar olor
son bien fulgurosas.

ASÍ DE FINO

La hojarasca vuela en remolino,
fuerte viento la lleva a su destino
y sube en giro hacia el cielo divino
donde encontrará seres bendecidos.
Desde el suelo del otoño la admiro
y cómo asciende también envidio
porque cual una hoja, así de fino,
quisiera ser yo, mi buen amigo.

ESTARÁ VIENDO

Las hojas cayeron
del frondoso limonero
y quedan limones sueltos
entre sus ramas envueltos.
Son de color amarillo esbelto
y destacan con el marrón muerto
del frío otoño que otra vez ha vuelto,
cubriendo de hojas lo que era un huerto.
En la nieve soportará el duro invierno,
porque cada año llegó, eso es cierto,
aunque él podrá aguantar al viento,
pues la primavera estará viendo.

EN MI ALMA AHONDE

Del frío de la noche
el calor divino me arropa.
Entre sábanas de plata y oro
de las pesadillas me esconde.
Que nada me falte ni sobre,
pues es mi cobijo y ropa.
El único que sabe todo
en mi alma ahonde.

ARRASTRA OLORES

Desde arriba de la torre
veo las luces en la ciudad
y me seducen por la noche.
El verde, el rojo y otros colores
refleja el río como si fuera mar
cuando lento baja por el monte
y observo que no cesa de brillar.
El aire con la brisa arrastra olores
y mi olfato con ellos se va a deleitar.
Tal es el gozo que aquí le hago honores
a la torre, al río, a la noche y a todo lo demás.

EL CIELO RONCA

El viento azota
del árbol las hojas
y la fuerte lluvia moja
las ramas que él despoja.
El agua cuelga gota a gota
y de casa la ves ahora,
pues nadie salir osa
si el cielo ronca.

VERDE ALMOHADA

Era una alfombra verde
y ahora es del todo blanca,
pues las margaritas son el césped
que ha crecido en el jardín de mi campa.
Al amanecer miran al este
y yo observo desde mi casa
a estas bellas flores terrestres
cuando me levanto de mañana.
Mientras hacia el oeste anochece
inclinan su leve tallo yendo a la cama
y para que nadie del sueño las despierte
se acuestan sobre mullida verde almohada.

TE AGUARDO YO AQUÍ

Ave blanca y negra,
hoy has vuelto al jardín
a pasear sobre la hierba.
Yo también estaba por ahí
observándote desde la ladera.
Estoy contento si vienes a mí,
cual amante que amado espera.
Y me dirijo sigilosamente hacia ti
para ver cómo en el césped alardeas
mostrando tu plumaje y cantando sin fin.
No sé lo que haría si tú no volvieras,
pues cada día te aguardo yo aquí
porque tú eres la más esbelta
de todas las que van a venir
a visitarme en primavera.

TANTO BRILLA

La casa sobre la colina
lenta se posa sobre su cima
y el rojo tejado a un lado se inclina,
hacia el monte donde crece la encina.
Cuando se pone la luna, color purpurina,
ella de hermoso resplandor tanto brilla
que todos miramos a esta maravilla,
la reluciente casa sobre la colina.

TRANSFORMA

Leves vibran las hojas
bajo una amarilla farola
y lucen en otoño tan rojas,
ya solo quedan unas pocas.
De los árboles en sus copas
cuelgan y brillan como rosas,
pues el otoño tiene estas cosas
que las hojas en rosas transforma.

EN PRIMAVERA

Un petirrojo
bajo la mesa
miraba de reojo,
cual ser que piensa.
Se movía muy poco,
como quien reza
y algún trozo
espera.
Unas migas de pan roto,
a él con eso le llega
para el día todo
en primavera.

CAYERON PRIMERAS

Las hojas revolotean
del jardín a la carretera.
El viento fuerte las menea
de nuevo al jardín por la acera.
Algunas aún en el árbol quedan,
aunque hace tiempo estén muertas
ahí siguen a la desnuda rama sujetas,
testarudas se resisten a caer a la tierra.
Pero deben dejar sitio a las hojas nuevas.
De color verde vendrán en la primavera
y las que del árbol cayeron primeras
renacerán por el tronco de madera.

CUAL PÚAS

Las sombras de las ramas
se reflejan como agujas
en la pared de mi casa.
Al alto cielo empujan
y pronto lo alcanzan.
Llevan luz en su punta,
que las nubes traspasa,
pues son bastante duras
y no hay forma de pararlas
atravesando todo cual púas.

ME RECREO LA VISTA

El viento sopla en la colina
y las mimosas al aire vuelan
esparciendo sus flores amarillas
por verde hierba del campo ruedan.
Y el sol desaparece tras la cima
entre rojas nubes que suenan
a tormenta que se avecina,
quizás enseguida llueva.
Que el ardiente cielo gima
mientras del sol veo la puesta
y con su belleza me recreo la vista
cuando hacia mi casa voy de vuelta.

BAJO RECORRE

En la negra noche
de paseo voy en coche
y un blanco búho ahí vuela,
que con ser un humano sueña.
A ver si alguien le oye
y cual amigo lo escoge,
así es cómo se consuela
esperando mientras pueda.
Y el cielo bajo recorre
buscando a algún hombre
que a la luz del día lo devuelva
para que su soledad ya resuelva.

EN SU CUNA

Una equis bajo la blanca luna
formada por estelas cual espuma,
pues la raya de humo es cada una.
El avión que al oeste se esfuma
y otro reactor por el este alumbra
dejando dos senderos en penumbra.
Ambos hacia el cielo despuntan
como aves de acero que deslumbran
y en el medio mecen a la luna en su cuna.

GRAN ENCANTO

Pájaro negro y blanco
que sobre la verde hierba
paseas cuando me levanto.
Plumas tan bellas como el canto
son las que a admirarte me llevan
y hacen elogiar tu supremo encanto.
De mañana te he mirado un rato
mientras paseabas en la niebla
y yo me iba desperezando.

CON SOLES

En la primavera, al florecer
sobre hierba de campa
con todos sus olores
después de llover
sale la planta
en amores.
En el verano, al atardecer
las sombras alargadas
de menudos árboles
nos permiten ver
muy alineadas
lindas flores.
En otoño, al desvanecer
tantas hojas bien altas
desde los balcones
se van a mecer
como las alas
de aviones.
En invierno, al amanecer
las mejillas plateadas
de bellos colores
tú verás renacer
muy doradas
con soles.

A VER SU VUELO

Madre e hijo sacuden
el azul mantel al viento,
los dos en este momento.
Y los pájaros acuden
con alas en movimiento
a recoger migas del suelo.
Quizás tanto ayunen
que están hambrientos
cuando les llega el invierno.
Yo ahí también estuve
esperando a ver su vuelo
después de mucho revuelo.

LA PAZ QUE SOÑÉ

En el silencio de la noche,
cuando todos duermen
y el cielo es un broche
de luces que mueren,
fuera nada se oye
y a lluvia huele.
Yo no lo sé,
a veces duele,
habrá un porqué
la soledad muele
a quien la absorbe
y consigo estar suele.
La paz que soñé
para que recuerde
que ese día yo lloré
en noche que muerde
y después también oré
por todos los ausentes.

AL CIELO VUELA

El pájaro algo picotea
paseando por la hierba
entre las hojas muertas.
Es un ave muy esbelta,
yo diría que hasta bella,
de larga pluma envuelta.
Ahí todo el día merodea,
a ver lo que hoy encuentra
y al atardecer al cielo vuela.

ESPERA   65

Muy seca
enredadera
ahora cuelga
sobre madera
en la fría piedra.
Antes estaba bella,
de verdes hojas llena
que lucían sobre la reja
cuando aún el verano era.
Pronto llegará la primavera,
que la planta siempre espera
y brotarán capullos como seda
ascendiendo al cielo por la verja.

MI REMEDIO

Esta vez eran dos
las aves que vinieron,
cada una de bello color,
siempre con blanco y negro.
Y atravesaron mi rojo corazón
cuando se posaron ahí en medio,
yo las miraba saltar con devoción
cómo en las ramas se iban metiendo.
Las observé desde mi salón
en el verde desapareciendo.
Estos pájaros del Señor
fueron mi remedio.

MI FILOSOFÍA

A TU LADO

Ver por primera vez esta luz
es como estar enamorado,
de la vida con plenitud
siempre gozando.
Y cuando la veas tú
te sentirás ser sagrado,
pues habrás hallado el baúl
que estabas siempre buscando.
Anduviste por el norte y el sur
pero estaba cerca, a tu lado.
La vista con un velo de tul
te la habían nublado.

ESTÁ VIVA

Teoría y práctica,
esa es la didáctica.
Porque quien aprende
debe hacerlo en su vida
para que sea transmitida.
De nada sirve mucha sabiduría
si se queda retirada en la esquina,
solamente posee prodigiosa mente.
Realizar en hecho la palabra escrita
es prueba de que la persona está viva.

DICE LO QUE PASA

Todos los movimientos de masa,
sean de religión, deporte o política,
en absoluto tienen una misión sana,
sino que solamente evitan dura crítica.
Y el individuo que por su cuenta anda,
a quien los demás al unísono pisan,
es valiente y dice lo que pasa,
aunque mal le califican.

DIOS HAYA HECHO

Nadie es perfecto,
todos tenemos
algún defecto.
Quizá en el cuerpo
o por el intelecto
un cable suelto.
Pero no por eso
te creas ser menos,
pues nadie es imperfecto.
En la diversidad está el recreo
y en la igualdad el aburrimiento
del estereotipo que posa de modelo.
Por lo tanto, puedes estar satisfecho
de ser diferente a los demás en aspecto
o por otro rasgo tuyo que Dios haya hecho.

TIENE SUERTE

Tiene suerte
quien una fuente
aún escuchar puede,
llegó a parar la mente.
Tiene suerte
el que presente
oye el agua viviente
cayendo por un torrente.
Tiene suerte
si cuando llueve
mojarse resuelve,
en el agua disolverse.

CUANDO TU BOCA CALLA

¿Cómo describir con palabras
lo que siente tu corazón?
si solamente te habla
la traicionera razón.
¿Cómo expresar lo que tu alma
te esconde en un rincón?
si fuerte la amarras
en un callejón.
¿Cómo decirle a quien tú amas
que ya deseas su unión?
cuando tu boca calla,
no tienes solución.

PERMANEZCAMOS UNIDOS

Yo solo tengo una bandera
que es la del gran mundo,
sin líneas ni fronteras
separándole a uno.
Verde es el color de mi tierra
y azul el mar de Neptuno.
Que entre quien quiera,
deshagamos el nudo.
Que haya paz en vez de guerra.
Para que nadie se crea único
quitemos todas las barreras,
permanezcamos unidos.

TOMA LAS RIENDAS

Ya lo decía Séneca,
que la vida no es corta,
sino que hay que vivirla.
Hay quien se queda
por la sociedad absorta
y en realidad está dirigida.
Pues no es idea buena,
porque ésta te atolondra
y te impide llegar a tu cima.
Por eso toma las riendas,
busca lo que tu cabeza ronda
y abandona lo que no estimas.
Si no, cuando mueras
habrás vivido lo de otras
sin realizar tu propia vida.

ERA ANTES

Es muy difícil adaptarse
a una sociedad tan cambiante
que cada día quiere reprogramarte.
Como si aprendieras un nuevo lenguaje
sin pausa ni ningún descanso darte,
te exigen que seas muy semejante
a los demás en mente y arte.
La diferencia es alarmante.
No te dejan ni sentarte
cual en el pueblo era antes.
Ahora en ciudad debes menearte,
caminando siempre a alguna parte,
sin parar, andar así es un disparate.

NO ES FÁCIL SINO

Alfonso X el Sabio
dijo que errar
es humano
y perdonar
divino.
Quizá un día sepa yo
cómo debo llevar
esto a cabo
y estar fino.
Pues ante gran agravio
es muy difícil olvidar,
aun con hermano
no es reconciliar
fácil sino.

UNA PROEZA

Hoy has vuelto a ver la brisa
que se había escondido de tu vista
porque estabas muy absorta en la cabeza.
Con la televisión y sus incesantes noticias
tu mente nunca podía quedar pacífica
para ver cómo se peina la maleza.
A las enfermedades dando revista,
centrada solo en lo trágico de esta vida,
salir un rato de la sociedad es una proeza.

UNA CASA SENCILLA

Él pasó toda la vida
construyendo su casa,
pues la mejor ser debía,
hecha de acero y de masa.
A muchos provoca envidia
y cualquiera que por ahí pasa
cree que, de verdad, es maravilla
la que consiguió con tanta pasta.
Y ahora que es viejo el bolsillo se rasca
pensando que quizás en una casa sencilla
mucho mejor habría estado, en buena salsa,
sin malgastar el dinero por lo que otros digan.

COLOR PLATA

Delante de una alambrada
está tejiendo su tela la araña,
con hilos en simétrica escala
intenta superar la obra humana.
La valla a los emigrantes atrapa
y la araña a las moscas mata.
Ambos su objetivo alcanzan,
no se andan por las ramas.
En esa frontera desalmada,
urdida de alambre color plata,
acorralamos a las otras almas
como lo hace también la araña.

CON ANHELO

Así dijo un buen maestro:
«lo que muestro con el dedo
solamente señala tu sendero
y lo tendrás que recorrer entero».
Además esto no se hace con dinero,
sino que solamente mediante el deseo
y la constancia que arde como rojo fuego,
porque la liberación transciende a tu sueldo.
Por lo tanto comencemos con esmero
a pisar el bello camino del azul cielo,
sin rendirnos por el primer tropiezo
sigamos adelante con anhelo.

SANTIFICANDO TODAS TUS IDEAS

No dejes que pensamientos tristes
entren en tu cabeza,
porque si permites que la llenen,
no hay lugar para la belleza.
Solo quien cada día,
como si un nuevo milagro fuera despereza,
es capaz de disfrutar de las maravillas
que nos ofrece la naturaleza.
Por consiguiente intenta dejar ahora tu mente
lo más vacía que puedas,
y así el sano aire limpio entrará purificando
o santificando todas tus ideas.

NOS SORPRENDE

La naturaleza no entiende
de números ni de matemáticas,
eso es algo imaginado por la mente
de los humanos que gustamos de pláticas.
La naturaleza no comprende
ni de letras ni de rimas poéticas,
puesto que las utilizamos solamente
para intentar describir las noches mágicas.
La naturaleza nos sorprende
de una manera nada científica,
tan solo con agua de un torrente
que cae del monte y de golpe salpica.

AÚN SIGUES SANO

De niño deseas que tu cumpleaños
ojalá llegase cuanto antes
porque recibes regalos.
De joven comienzas suspirando
para librarte de los padres
e irte independizando.
De mayor ya no lo quieres tanto,
pues sabes lo que hay delante
y la vejez suele hacer daño.
Finalmente cuando eres anciano
de nuevo vuelves a ilusionarte,
dado que aún sigues sano.

TU PROPIO DUEÑO

No porque lo haga la mayoría es lo correcto,
ya que masacres cometieron señores rectos,
así que no te dejes manipular como un objeto.
Mantén esa interna independencia y tu credo,
que no te la imponga ni el político ni el clero,
sino tu pura conciencia, eso es lo que creo.
Para que de noche tengas buen sueño,
sigue esta regla que aquí te muestro,
pues así serás tu propio dueño.

PLACER SUGIERE

De mañana, cuando despiertes,
un sorbo de café con leche
que te baja por el vientre
es el mayor deleite.
Primero en boca se retiene
para que tú lo saborees
y de trago absorbes,
todavía caliente.
Después por garganta viene
animándote tanto la mente
y en abdomen se detiene,
donde placer sugiere.

POR DENTRO

Es un sueño
poder escuchar
la música en estéreo.
El sonido entra en tu cerebro
y por ambos lados vas a disfrutar
surgiendo una explosión en el centro.
Puedes utilizar con frecuencia este invento.
Ponte los cascos en la cabeza y los vas a usar
cual fuegos artificiales que revientan por dentro.

ETERNAMENTE

Nunca subestimes capacidades,
porque todos somos diferentes,
cada uno con sus habilidades.
Unos son muy inteligentes,
pero, como no son iguales,
les falta el don de gentes.
Otros son más manuales
y gustan estar ausentes,
lejos de los semejantes.
Algunos en sus mentes
son bien espirituales
y así eternamente.

SIN REMORDIMIENTO

La salud es siempre lo primero,
aunque también ayuda el dinero,
al final estar sano es lo que quiero.
Da igual que tengas lleno el monedero
o que poseas el oro del mundo entero,
no deseas quedar en cama yaciendo.
Y si solución encuentran al padecimiento
todo lo darás sin tener remordimiento
antes de ver cómo te vas muriendo.

DARÁS LA VUELTA

Si el porqué buscas,
quizás halles la respuesta,
pues quien nada se pregunta
solo sigue a los demás a cuestas.
Si la verdad te asusta
y ves la vida cual apuesta,
no tomarás sabia decisión nunca
porque la fortuita suerte eso demuestra.
Si el camino te disgusta,
haz en el sendero una muesca
como señal de tu propia autoayuda
y de inmediato al futuro darás la vuelta.

MIENTRAS LATE EL CORAZÓN

Siempre somos jóvenes en el corazón,
aunque el cuerpo envejezca con la razón
por dentro seguimos desbordantes de amor.
Y el niño es ahora un abuelo lleno de ilusión
que su viejo tiempo recuerda con emoción
cuando con el nieto juega en el salón.
La vida se nos pasa de un tirón
y la piel arrugada se quedó
mientras late el corazón.

RECONCILACIONES

Las variadas y diferentes religiones
son como las ramas de un mismo tronco,
que cada una tiene sus propias tradiciones,
pero en la sustancia se diferencian muy poco.
Pues todas se unen e hincan sus raíces en el fondo
y transmiten su esencia por la tierra mediante oraciones,
llegando al único ser querido, al amado,
quien al final es todo.
Podemos llamarlo como queramos
y tiene tantas denominaciones
como estrellas hay en el universo
que brillan para no sentirnos solos.
Sin embargo, evitemos ponerle un nombre,
para así lograr reconciliaciones.

AL AMANECER

Los milagros suceden,
si tú en ellos crees,
un día te vienen
a sorprender.
Un encuentro, a veces,
puede la persona ser
que vino a aparecer
ese día sin querer.
Tú ni lo miras ni lo ves,
porque tu tipo no es,
pero él te hizo ver
todo del revés.
Y sin tan siquiera saber
la razón ni el porqué,
ahora estás con él
al amanecer.

LAS TRES HIJAS

Hay quien tiene el don de la risa,
cuenta un chiste y enseguida empatiza.
Otros son más dados a tocar delicada lira
y entusiasman al público en silencio de misa.
También además hay personas que suben a su cima
recitando con verso un poema muy lleno de rima,
pues para quien la escucha es bella melodía
y quizás incluso en su cabeza se la repita.
Es mejor que cada uno lo que prefiera elija,
porque todas ellas son bien distintas
y tú tal vez quieras a las tres hijas:
a la risa, a la lira y a la rima.

QUE TE LLEVE EL VIENTO

¡Ay, vejez,
qué cerca te veo,
aunque perdí mi niñez
hace tan solo un recreo!
¡Ay, vejez,
cuánto lamento
no tener la pequeñez
y volver a ese momento!
¡Ay, vejez,
yo no te quiero!
¡Vete de una vez,
que te lleve el viento!

PERSONA MÁGICA

La soledad cuando es querida
suele ser una gran maravilla,
pero si a ella se te obliga
ya no es más tu amiga.
Así se convierte en pesadilla,
tanto de noche como de día
nadie la recibe con alegría,
pues entristece la vida.
Mas si en ella profundizas,
tus sentidos se agudizan
y tendrás nuevas vistas,
serás persona mágica.

GRAN DELEITE

Una taza de chocolate caliente
al acostarte viertes en tu vientre
para tener descanso conveniente.
Que cada trago por garganta entre
y baje hasta tu estómago ardiente
es un gozo bien complaciente.
El cacao place sumamente,
sorbido de su recipiente
es un gran deleite.

SALVARSE DE HONDO ABISMO

«Perdónales, porque no saben lo que hacen»
dijo muy benévolo el salvador Jesucristo.
Es un buen consejo para los que yacen
por el grave daño que se les hizo.
Pero algunos todavía no saben
que el perdón puede ser magnífico
y toda su vida en el rojo fuego arden
del odio o el rencor hacia quien maldijo.
Sin embargo, aunque no les agrade,
sería beneficioso para sí mismos
que al agresor ya perdonasen
y salvarse del hondo abismo.

EN UN BARCO DE MADERA

Un galeón lleno de monedas
se hundió en la costa de Florida,
sacudido por olas y fuerte galerna
quedó maltrecho muy lejos de la orilla.
Ahora los buzos buscan la manera,
impulsados por gran humana codicia,
de llegar a hacerse los amos de riqueza
que, seguro, a todos muy bien les vendría.
Allí están haciendo el cuento de la lechera
de todo lo que con tanto dinero comprarían
cuando la vida pasan en un barco de madera
y no ven las maravillas que les ofrece cada día.

PURA TRANSFORMACIÓN

Tú naciste y cortaron el cordón
que a la madre nueve meses te unió.
Creciste y un día descubriste tu propio yo
al que un nombre y una historia lo identificó.
Ahora ya eres mayor y a la muerte le tienes temor
porque piensas que ahí acaba lo que tu madre te dio.
Y ese papel que has representado se quedará sin guión
pues va a concluir la película cayendo lento el negro telón.
Pero la vida continúa y vuelves con la madre que nacer te vio,
cuyo nombre es Tierra, Gaia, Cielo, Paraíso, Dios o Unión.
Ya que todos estamos hechos con el mismo patrón,
aunque cambie la forma, la esencia permaneció.
Da igual que seas mujer, pájaro o caracol,
la materia es solo pura transformación
que da vueltas sin interrupción
hasta que otro ser nació.

VIVIENDO

La vida es como un metro,
unos mueren al nacimiento
y otros llegan hasta el centro,
pero ninguno nunca sabremos
cuándo será el último momento.
Por eso, disfruta antes de estar muerto,
ya que ignoras si te quedan centímetros
y da gracias a Dios por estar aún viviendo,
en la tierra gozando dentro de tu bello cuerpo.

CANTANDO CON TODAS TUS GANAS

En vez de mirar por el tamiz de la mente,
observa directamente desde tu alma.
Busca dentro de ti los ojos que ven,
no te dejes llevar por cosas vanas.
Así hallarás la luz que al cielo te eleve
y abandonarás para siempre la tierra llana.
Habrás descubierto un bello paraíso de repente,
entusiasmado saltarás cantando con todas tus ganas.

PARA SER UNIDAD

Quien está enamorado
solamente ve la luz
sin más oscuridad.
Alguien le dio la mano
y cambió su actitud
con profundidad.
El beso en su boca dado
fue la señal de la cruz
para ser unidad.
Pues aún está a su lado
en tiempo de plenitud
y de precariedad.

CUANDO SIENTES

Cuando sientes que todo es sagrado,
desde las flores luciendo en el campo
hasta los objetos que llevas a tu mano,
comienzas a ver la vida con entusiasmo.
Cuando sientes que Dios está a tu lado
dejas de vivir en el futuro y en pasado
para disfrutar del ahora cual amado,
como un ser que está enamorado.
Cuando sientes que el universo es hermano,
de diversas formas contigo emparentado,
observas la luna y el sol muy iluminado
cómo calienta penetrando tu párpado.

REDENCIÓN

La medicación
atonta un montón
con tanta suciedad
que va a tu corazón.
La meditación
es buena solución
para esta sociedad
de prisa y producción.
Mirando al sol
y lenta respiración
hallarás la serenidad
que tu medicina no dio.
Sabia decisión,
cambiar descontrol
por gran estabilidad
en busca de redención.

REGALO DIVINO

Debemos pensar en positivo
y estar muy agradecidos
por todo lo recibido.
Pero, a veces, perdemos el sentido,
pues creemos que es merecido,
un derecho adquirido.
Como el agua saliendo del grifo
y los manjares que comimos
bebiendo un buen vino.
Por eso superiores nos sentimos
a nuestros pobres vecinos
que nos miran atónitos.
Demos gracias por el regalo divino
en el que cada día revivimos
y mejor si lo compartimos.

EJEMPLO DE APTITUD

La riqueza no debería ser el objetivo,
sino que principalmente un medio
para actuar con buena virtud.
Puesto que quien es tan solo rico,
pero únicamente para sí mismo
al final vive en esclavitud.
Porque así demuestra su egoísmo
hacia todos los seres prójimos
y puede morir en acritud.
Mientras quien rico sea con dinamismo,
mostrando a los demás su optimismo,
ese sí tiene generosa actitud.
Ya que ayudará a avanzar a su amigo
y quizás incluso hasta al enemigo
siendo sutil ejemplo de aptitud.

CON MI ALMA

Lo que Sócrates decía,
«solo sé que no sé nada»,
repite quien tiene sabiduría
mientras el ignorante habla.
Pues es mejor la persona concisa
que hablador quien su lengua no para,
porque todo sabe y además te lo explica
sin respetar cuando es tu turno de palabra.
Entonces mi sistema auditivo se desactiva.
Es lo único que de un pesado me salva
y con un bostezo, a ver si adivina
que yo ya me fui con mi alma.

MERECE LA PENA

Durmiendo en casa ajena
no encuentras buena postura,
das muchas vueltas en la cama
y sientes que alguien te observa.
Es como cuando calzado estrenas,
siempre te molestan algunas costuras,
aunque los zapatos sean de muy alta gama
jamás igual de cómodos que los viejos sientan.
Por eso pienso que mucho merece la pena
que de vez en cuando un cambio se te ocurra
para salir de la rutina que en certeza apalanca,
aunque creas que hacer lo mismo tu vida centra.

EN MI MÓVIL ME AUSENTO

En la sala de espera del aeropuerto
todo el mundo guasapea con personas,
gente en la lejanía que no está con ellos.
Y entonces otros tiempos recuerdo
cuando comentábamos las cosas
con pasajeros del mismo vuelo.
Hacia dónde voy y vengo,
nos decíamos «hola»
o «un deseo tengo».
Por eso lamento
que no sea así ahora
y en mi móvil me ausento.

SATISFECHO

Cuando te vuelvas viejo
y empiece a colgar tu fino pellejo
no te sientas como si fueras un desecho,
sino al contrario, alégrate por todo lo hecho,
lo que conseguiste y lo que no hiciste nada derecho.
Porque en la vida a veces se gana
y otras quedas maltrecho,
pero sigue siempre adelante,
pues verás como fuerzas sacas de eso,
ya que la perseverancia debes mantener
para seguir estando satisfecho.

TOMA LA SALIDA

Hay personas que son tóxicas,
que tu camino perjudican
y a veces son próximas,
dentro de la familia.
No son relaciones óptimas
y quizá no las distingas,
porque tienen retórica
con palabra fina.
Pero a quererlas te obligan,
aunque tu vida peligra,
por eso mejor olvida
y toma la salida.

LA LEY ACATA

La historia viene contada
según convenga al que gana,
de objetivo no tiene casi nada.
En los libros luego se plasma
y a la realidad mucho daña
lo que el poder redacta.
También leyes amañan
de la noche a la mañana,
sin consultar al que manda,
pues el humilde pueblo calla.
Y el ciudadano la ley acata,
aunque sea una trampa,
creyendo que es sana
la cumple a rajatabla.

EL EQUIPAJE

Salir de viaje
es una aventura,
dejas tu andamiaje
que es esa estructura
de hacer lo que te place.
Verás diferente escritura,
escucharás un raro lenguaje
y mejor si pronto te acostumbras
a dejar por las diferencias de quejarte,
pues lo importante es conocer otra cultura.
Si de tu ciudad nunca sales,
creerás que la mejor es la tuya
y la realidad será que nada sabes
porque al final no conociste ninguna.
Entonces piensa ya en preparar el equipaje.

ININTERRUMPIDAMENTE

Cuando a un pensamiento triste
se le ocurra pasar por tu mente,
trátalo como si fuera una nube
que en alto cielo se disuelve.
Porque si su estela siguieses,
pronto otra mala idea viene
para alterarte las sienes
ininterrumpidamente.
Ya no verás la belleza que te envuelve
y serás un ser perdido, muy ausente,
quien con nada ni nadie se divierte,
cual un robot autómata solamente.

IMITARLES

Es hermoso ver las aves
cómo ellas vuelan al viento,
planeando son más audaces
que cualquier avión u otro invento.
Quizás algún día seamos capaces
de igualar sus elegantes movimientos,
pero mientras tanto intentaremos imitarles,
mas dudo que alguna vez a su nivel lleguemos.

HACER ALGO DE NUEVO

En esta vida poco consigues sin esfuerzo,
al menos así es como yo la recuerdo.
Cuando fuiste al colegio primero,
siempre tenías que estar atento.
En el trabajo debes ser cuerdo
y si te jubilas con dinero,
cuidarás de tus huesos.
Por lo tanto esto sabiendo,
es mejor hacer algo de nuevo
que alegre el día entero nuestro
en vez de lamentar cual muermo.
Porque si en la madurez me duermo
y que no tengo un buen futuro pienso,
sin objetivo me daría igual estar muerto.

PERDÓN

Una frontera
es una división
que sangre altera
y trae confrontación.
Antes hermanos eran,
dos pueblos en sana unión
y ahora los separa una verja,
consecuencia de la separación.
Pero llegará una nueva era,
hallarán alguna solución
para una paz duradera
y se pedirán perdón.

¡HAZ DE TU SUEÑO REALIDAD!

¿Crees en tu propia responsabilidad?
O ¿en que quizá todo otro te debe dar?
¿Estás trabajando por tu propio bienestar?
O ¿consideras que alguien lo debe procurar?
Según lo que pienses hallarás o no felicidad,
porque si esperas que los demás te la van a dar
serás siempre una persona dependiente, sin más,
pues no tendrás objetivos ni nada por lo que luchar.
Por tanto, ¡toma las riendas y haz de tu sueño realidad!
¡Emprende el camino hacia una autorrealizada vida!
Y no te dejes amedrentar por lo que diga la sociedad,
ya que muchas no se atrevieron ni lo llegaron a intentar.

TRISTE Y SOLA

Si una emigrante
aprende tu idioma
que nunca se la trate
como si ella fuera idiota.
Pues gran esfuerzo hace
y merece toda nuestra honra,
porque si un día de su tierra sale
no es nada para tomárselo a broma.
Cuando el corazón nos falle
y nuestra educación sea poca,
piensa que tu hija quizás se halle
perdida en el extranjero, triste y sola.

PAZ DURADERA

La historia nos enseña
que seguir una bandera
puede hacer que fallezcas,
pero antes mucho padezcas.
Por eso es mejor que sea
tu patria la tierra entera
sin ninguna frontera
que la dividiera.
Y si así fuera
sería la manera,
la más placentera
para una paz duradera.

TU CAMINO ENCUENTRAS

Hay días que estás inquieta,
todo el rato dando vueltas
a ideas en tu cabeza.
Y también le siguen tus piernas
como si de alguna manera
al andar las resolvieras.
Pero es mejor quedarse quieta,
observar lo que te merodea
con respiración lenta.
De esta forma estarás más alerta
a la vez tranquila y despierta,
así tu camino encuentras.

NOSOTROS

Somos
parientes
de los monos,
ellos son la simiente
de la que venimos todos.
Cómo miran a la gente
igual que nosotros,
con la mente
y sus ojos
salientes.

ACEPTAR

Un imperio se va
y otro nuevo viene,
lo que muy fijo está
de golpe desaparece.
Como una ola en el mar
todo al final se desvanece,
aunque sea de fuerte metal
tampoco mucho permanece.
Es mejor este hecho aceptar
a pensar que algo te pertenece,
pues un día lo tendrás que dejar
y aquí nada quedará para siempre.

LA PAZ QUE TE SANA

¡Corre y salta!
Mantén la esperanza.
¡Baila y danza!
Como en río la garza.
¡Despega y alza!
El vuelo hasta el alma.
¡Ora y ensalza!
A tu Dios que te ama.
¡Sal y anda!
Por el bosque vaga.
¡Busca y halla!
La paz que te sana.

SU RASGO

Desde sumerios, hititas o persas
hasta los romanos y los americanos,
muchos fueron imperios que mandaron.
Dicen que son nuestra defensa
y se muestran como unos hermanos,
pero en realidad solo quieren dominarnos.
Ellos ganaron las duras guerras,
por eso somos sus meros vasallos
y se creen superiores a otros humanos.
Únicamente si tú algo piensas
te das cuenta de que ése es su rasgo,
no te dejes embaucar por lo que han contado.

HERMANOS

Es el esperanto
un idioma creado
para unir al humano.
Si en clase fuera enseñado,
todo el mundo sería tu aliado
porque no es nada complicado.
Lamentablemente, sin embargo,
no lo ha reconocido ningún estado.
Al parecer, no tiene suficiente rango.
Ojalá que juntos lo aprendiéramos
para poder estrecharnos la mano,
como lo que somos: hermanos.

ME AMAN

A veces no quiero hacer nada,
quedarme solo en la cama
para estar en calma
con mi alma.
Envuelto en sábana
que es de color blanca
y cansado cuerpo ablanda
después de una dura jornada.
Esperando a que el sol salga
de nuevo por la mañana,
duermo entre hadas
que me aman.

INMEDIATEZ

No debería hacer
dos cosas a la vez,
pues una saldrá al revés,
eso dice un proverbio zen.
Como una linda ave
al beber cantar no ves,
así también yo debo ser
y centrarme en lo que esté.
Porque entonces sabré
el sabor que tiene el café
y por un rato de lado dejaré
el portátil con su inmediatez.

NI MÁS NI MENOS

No hay duda de que formamos parte del universo,
somos animales capaces de regalar un beso,
pero un chimpancé también hace eso.
Dicen que nos diferencia el cerebro,
porque lo tenemos algo más grueso
que otros seres y con sumo intelecto.
Yo diría que somos únicos por un deseo
y es poder vivir después de muertos
para ver a los que ya se fueron.
Sin embargo, lo que sabemos
es que a la tierra pertenecemos
y eso es lo que nos hace eternos
cuando desaparece nuestro cuerpo.
Y así a la madre tierra volvemos
que es parte del Dios que queremos,
como ya lo dijeron los filósofos griegos:
somos uno con el todo, ni más ni menos.

DEDICATORIAS

TE DOY UN BESO

Si pudiera transmitir
todo lo que llevo dentro
con tan solo la boca abrir
y decírtelo en un momento,
yo sería el hombre más feliz
que encuentres en el universo.
Si yo pudiera traslucir
y plasmar en un reflejo
para que supieras deducir
sin necesidad de este verso,
pero la palabra debe ser sutil;
por eso hoy mejor te doy un beso.

COMO EL BUEN VINO

Un buen amigo
nunca te abandona,
ya tengas calor o frío,
él siempre va y te arropa.
Un buen amigo
es el que te ronda,
seas más pobre o rico,
eso a él nada le importa.
Un buen amigo
te quiere y perdona
si un día fuiste estúpido,
pues sabe que eres persona.
Un buen amigo
también se equivoca,
porque como el buen vino
a veces sale una mala copa.

MUCHO BRILLA

Aún te sientes como esa niña
que en el patio jugaba un día
y con las amigas se divertía.
Da igual cuánta experiencia
hayas acumulado en esta vida,
sigues siendo la misma todavía.
Porque eres joven en tu esencia,
ya que alguien dentro de ti habita
y siempre estuvo desde la infancia.
Ella no envejece ni se aniquila,
nunca muere y mucho brilla,
es tu blanca alma, amiga.

CON DIOS EN UNIDAD

Te retiras de la sociedad
porque sola quieres estar
para reducir tanta ansiedad,
pues nadie te lo va a remediar.
Cerca de un río en soledad,
escuchas agua suave pasar
su murmullo dándote esa paz
que hasta tu corazón va a llegar.
Sufriste sin necesidad,
siempre deprisa sin cesar
corriendo a gran velocidad,
ahora en tu orilla vas a rezar.
Y con Dios en unidad,
para así ya poder empezar
a alcanzar ansiada serenidad
porque junto a Él te vas a sentar.

EL RESTO SOBRA

En época de paz
ni durante la guerra
dejes a tu madre sola.
Ella es sagrada sal
y la valiente guerrera
que te cuidó en zozobra.
La tierra y el pan
son la única verdad
cuando el resto sobra.
Quien la vida te da
contigo ha de quedar,
aunque el tiempo roba.

AL ALBA SAGRADA

Una nube con forma de corazón
muy lenta pasó por mi balcón
y recé meditada oración
dirigida a mi amada.
En ella le dije que, por favor,
no se olvide del sabor
que tiene el amor
por la mañana.
Pues en la tarde es ardor
y de noche gran pasión,
pero tiene más valor
al alba sagrada.

EN TI

Te regalo un arcoíris
que he pedido para ti
y hoy temprano te lo di
porque eres parte de mí.
Te regalo una flor de lis
que recogí en bello jardín
con fragancia de dulce anís
y suave penetra en mi sin fin.
Te regalo un brillante rubí
y que cual collar cuelgue así
de tu esbelto cuello para lucir
la belleza que solo reside en ti.

CUANDO HAY LUZ

Cuando hay luz
y no más oscuridad
todo se llena de plenitud,
se acabó la triste soledad
porque mi destello lo eres tú.
Cuando hay luz
mucho vas a gozar,
brillando en tu juventud
que por siempre va a durar
estando activa y con actitud.
Cuando hay luz
dejas de lamentar
que llegue la senectud,
pues de nuevo amas jugar
como si fueras una niña aún.

EL CORAZÓN DESPIERTAS

Eres la maestra
que al alumno muestra
el sendero que a la cima lleva.
Eres la profeta
y al creyente enseñas
la chispa que su ser alberga.
Eres la estrella
que con su estela
nos guía hacia la belleza.
Eres luz bella
y a quien anhela
el corazón despiertas.

AMOR COMPARTIDO

La enfermedad
me deja hecho un Cristo,
pero aun peor es la soledad
que siento sin poder estar contigo.
La eternidad
quiero vivir en tu nido,
si me das una oportunidad
para demostrarte lo prometido.
La sinceridad
es lo único que te pido,
que no sea pura necesidad,
sino que por amor compartido.

MI ALMA ROZAS

Mientras fuerte viento sopla
sobre los árboles, en sus copas,
yo desayuno en mi cocina a solas,
aunque más quisiera estar en tu alcoba.
Mis pensamientos van y vienen, cual olas,
como el viento que ramas con energía azota,
pensando en el momento cuando mi alma rozas,
pues entonces con tu ternura mis penas desbrozas.

TU CORAZÓN ABLANDE

Flor que cuidados precisas,
tú no eres como la planta salvaje
que sin atención crece en una esquina
y quien gusta de lluvia que cada día la bañe.
Flor bella que eres esquiva,
sé que un día conseguiré amarte,
no te comportes tanto como una diva
y demuestra que aún sabes ser adorable.
Flor que fluyes a la deriva
sobre río en un monte que arde,
permite que yo sea hoy la semilla
que entre fuegos tu corazón ablande.

LLEVO A TI MI BARCO

Si yo fuera carpintero
que esculpe el tablero,
tú serías cincel dorado
con el que mi vida labro.
Si yo fuera un tapicero
que forra mueble esbelto,
tú serías la tela que trabajo
y te acaricio con mis manos.
Si yo fuera marinero
que recorre mar entero,
tú serías bella luz de faro
y al verte llevo a ti mi barco.

DONDE NACE LA FLOR

La planta sale del barro
y de ella brota una flor,
cual mujer que amo
me quita el dolor.
Ella jamás me hace daño
y siempre ofrece el sol,
la luz en la que baño
es gran resplandor.
Así pasen muchos años,
juntos y unidos los dos,
como planta al barro
donde nace la flor.

SOLO ELEGÍ A UNO

No necesito grandes placeres
ni tampoco hoteles de lujo
porque todo para mí eres,
tú, mi único embrujo.
Cual ricos con sus palacetes,
tanto como ellos disfruto,
entre cuatro paredes
te quiero mucho.
Vivo mejor que los reyes
en mi pequeño mundo,
entre todos los seres
solo elegí a uno.

DE CORAZÓN ABIERTO

Yo aún me acuerdo
de un joven veinteañero
que salió de viaje sin dinero
a ganar la vida en el extranjero.
En la elección fue certero,
pues realizó su sueño
con mucho esfuerzo
y enorme anhelo.
Muy buenos consejos
recibió de hombres ajenos
que le guiaron hacia su reto
y él los honora ahora por eso.
Son personas de corazón abierto,
quiénes también pasaron ese trasiego
y, para evitar que otros traguen ese hueso,
el camino muestran al que busca cielo abierto.

TE SEGUIRÉ VENERANDO

Como el amante al amado
te quiero tener a mi lado.
Quien vida me ha dado
es un ser sagrado.
No te vayas alejando
y dame tu calor de verano,
pues yo te seguiré venerando
porque de ti estoy enamorado.

APAREZCA

En la soledad de tu casa
estás un domingo cualquiera
cuando en tu vida casi nada pasa
se hace eternamente larga la espera.
Un amor entrando al alma,
eso es lo que tú más anhelas,
pues ni la riqueza ni joyas amas,
sino que a alguien que se esmera.
Mientras tanto muy sola andas
y en la alcoba tus oraciones rezas,
sentada sobre la colcha de tu cama
para que un día tu gran amor aparezca.

HAS TOCADO

Del cielo llegaste volando
y te posaste sobre ese árbol.
De rama en rama ibas saltando
mientras yo cerca estaba, a tu lado.
Ave celestial que me has enamorado,
si un día no vienes ya me estás faltando,
pues el fondo de mi rojo corazón has tocado
con la llama del amor a este único ser humano.

LO ERES TODO

Cual nube que flota en lluvia me transformo
y al caer desde el alto cielo escuchas mi sonido
golpeándote el pecho, hermosa mujer que adoro.
Como el manantial va al arroyo
y este confluye con gran río
que llega al mar sonoro,
así yo hacia ti me arrojo
y unido a tu cuerpo desvarío,
pierdo mi ego, porque lo eres todo.